JORDI SURÍS

La chica
del tren

Colección **"Venga a leer"**
Serie "El Mediterráneo"

Diseño de la colección y cubierta: Àngel Viola
Fotografías: Pere Pons (pág. 9, 13, 14)
　　　　　　　Núria París (pág. 5, 19, 27, 29)

Corrección: Eduard Sancho y Maria Eugènia Vilà

© Jordi Surís
　Difusión, S.L.
　Barcelona, 1999

6　7　8　/　2007　2006　2005　2004　2003

ISBN: 84-89344-72-8
Depósito Legal: B-26899-2003
Impreso en España por Torres i Associats, S. L.

Personajes

Llorenç Sarriol: Antiguo profesor de una escuela de policía. Ahora está jubilado. Vive en su casa situada en la montaña del Tibidabo de Barcelona.

Enrique Sarriol: Periodista. Tiene unos 25 años. Trabaja en *El Mediterráneo*, un periódico de información general de Barcelona.

Mónica García: Joven de 21 años. Viene a Barcelona para reunirse con su novio Alfonso.

Pedro Sancho: Inspector de policía de mediana edad y antiguo alumno de Llorenç Sarriol en la academia. Vive en Barcelona.

Alfonso Piulats: Novio de Mónica. Tiene unos 30 años. Ha viajado hasta Barcelona para hacer negocios.

Sr. Requena: Ladrón profesional que tiene varias personas trabajando para él.

Una joven viaja en tren a Barcelona. Desde la ventana puede ver el mar azul. Mira las playas y las nubes blancas en el cielo. Luego se levanta para coger una revista de su maleta y empieza a leer. Es una revista sobre barcos.

Un hombre mayor, de unos 65 años, llega y se sienta delante de ella. Es alto y delgado y tiene el pelo blanco. Primero, también mira por la ventana. Después, mira la revista que lee la joven.

–Perdona –dice con interés–, ¿es la revista *Náutica*?

–Sí –contesta la chica.

–Una revista muy interesante. Bueno, los barcos siempre son interesantes.

–Sí. A mí también me gustan mucho. Quiero vivir en un barco, algún día.

–¡Ah! Yo he vivido mucho tiempo en un barco. No en un barco de vela. En uno grande. He sido marinero.

–¿Ah, sí?

–Ahora soy marinero en tierra –se ríe.

En este momento el tren pasa por *Sitges*[1], un pequeño pueblo que está al lado del mar.

–¿Vas a Barcelona? –pregunta ahora el hombre.

–Sí, voy a estar allí unos días.

–¿Has estado alguna vez?

–No, es la primera vez. Pero la he visto por la televisión. *La Rambla*[2], el *Puerto Olímpico*[3], *Montjuic*[4]...

–Creo que te va a gustar. ¿Tienes amigos en Barcelona?

–Sí, voy a ver a un amigo.

Iglesia parroquial de Sitges

–Entonces, seguro que él te va a enseñar la ciudad. Por cierto, todavía no me he presentado. Me llamo Llorenç Sarriol. Soy marinero, inventor, empresario y algunas cosas más, ¡ja, ja, ja! He trabajado en un circo, he dado la vuelta al mundo en barco...

–¿De verdad? ¡Qué vida tan interesante!

–Pero ahora estoy jubilado.

Llorenç se fija en un hombre que está sentado detrás de la chica. El hombre tiene unos 35 años, lleva gafas de sol y una gorra negra. Por un momento, mientras mira a este hombre, Llorenç no escucha a la chica, que continúa hablando.

–Y yo me llamo Mónica –dice ella.

–Encantado de conocerte –dice Llorenç mirando otra vez a la chica.

A Mónica le gusta Llorenç, con el pelo blanco y los ojos azules. Le parece simpático y con una vida muy interesante.

Ahora están llegando a Barcelona. Han estado hablando mucho durante el viaje. El tren empieza a entrar en la *estación de Sants*[5].

–Mónica, tienes que venir a ver mis libros de barcos. Además, desde mi casa, que está en la montaña del *Tibidabo*[6], se puede ver Barcelona muy bien. También tengo un nieto de tu edad. Tienes que conocerlo. Es periodista.

Mónica dice que sí. Está contenta porque conoce a poca gente en Barcelona y le parece que Llorenç es un buen hombre.

–Ésta es mi dirección –dice éste dándole su tarjeta–. Llámame.

–Sí –contesta Mónica–. Voy a llamarte. Seguro.

–Mañana por la tarde voy a estar en casa.

–Vale.

Cuando Mónica baja en la estación de Sants, Llorenç ve como el hombre de la gorra negra y las gafas de sol va detrás de ella.

2

Mónica camina con las maletas en la mano. Sube por la escalera mecánica al vestíbulo. A la derecha hay un teléfono público. Deja las maletas en el suelo y marca un número.

–¿Alfonso? –dice contenta cuando oye la voz al otro lado del teléfono– ¡Ya estoy aquí!

–¿Dónde estás? –pregunta Alfonso.

–En la estación de Sants.

–Mónica, tengo muchas ganas de verte, pero ahora no estoy en Barcelona. Ahora estoy en una reunión de trabajo y no sé cuándo voy a terminar. Llámame desde el hotel. ¿Has tenido buen viaje?

–Sí. ¡Tengo tantas ganas de verte!

–Yo también. Un beso.

El hombre de las gafas de sol está cerca de Mónica, mirando unas revistas en un quiosco.

3

Como no tiene ningún plan, al día siguiente Mónica llama a Llorenç y éste le invita a ir a su casa, situada en la Avenida del Tibidabo. Allí, Llorenç le enseña a Mónica los lugares más interesantes de Barcelona: la *Sagrada Familia*[7], la *Catedral*[8], La Rambla... Por delante de la casa, el *Tranvía Azul*[9] sube lentamente la calle. Llorenç lo mira. En este momento, hay un hombre sentado en un banco de la calle. Está leyendo un periódico.

–Es una casa muy bonita –dice la chica–. ¡Tienes muchas cosas interesantes! ¿Son recuerdos de tus viajes?

–Algunos sí. Otros son regalos. Por ejemplo...

De repente suena el timbre de la puerta.

–Llaman a la puerta. Voy a abrir.

Mónica se queda mirando uno de los libros de barcos que Llorenç le ha enseñado. Es un libro muy bonito.

Poco después Llorenç entra con un hombre.

–¡Hola! –dice éste cuando ve a Mónica– ¿Tienes visita? –le pregunta luego a Llorenç.

–Sí, es una amiga. Se llama Mónica.

–¡Hola, Mónica! Yo me llamo Pedro.

–¿Qué quieres tomar? –le pregunta Llorenç a Pedro.

Pedro tiene unos 30 años, no es ni alto ni bajo y lleva bigote.

–Una cerveza, gracias.

–¿Quieres más zumo de naranja? –pregunta luego a la joven.

–Sí, gracias.

Llorenç va a la cocina para preparar las bebidas.

Sagrada Familia

La Rambla

–¿Te gustan los barcos? –pregunta Pedro a Mónica cogiendo un libro que hay en la estantería.

–¡Sí! –contesta la chica, contenta– Me gustan mucho. Algún día quiero vivir en un barco.

De repente suena el teléfono. Llorenç entra en la habitación.

–Perdonad –luego coge el teléfono–. ¡Diga! (...) Hola, Enrique (...) Sí, claro. Sube, sube. Estoy con unos amigos (...) Te voy a presentar a una chica (...) ¡Hasta ahora!

–Es mi nieto –dice.

–¡Ah, sí! Me has hablado de él en el tren. Es periodista, ¿no? –contesta Mónica.

–Está en la calle, aquí mismo. Ha llamado desde una cabina de teléfono. Ahora sube.

Llorenç vuelve a la cocina para terminar de preparar las bebidas.

–Yo trabajo en un barco –dice Pedro mirando a la chica.

–¿Sí? ¿Viajas mucho?

–No, no. En realidad trabajo en el puerto y a veces tengo que ir en la lancha de... Bueno. Yo soy policía, inspector de policía. ¿Conoces el puerto de Barcelona?

–No, todavía no.

En este momento llaman a la puerta.

–¡Ya voy! ¡Ya voy! –dice Llorenç entrando con las bebidas en la habitación– Es Enrique. Zumo de naranja para la joven, cerveza para el señor y un martini con hielo para mí.

Luego sale de la habitación. Poco después entra con su nieto. Enrique es un joven de unos 25 años, delgado e inteligente.

–Enrique, ésta es Mónica. No conoce Barcelona. Tú le puedes enseñar los sitios más bonitos, ¿no?

10

–Sí, por supuesto. ¡Hola, Mónica!

–A Pedro ya lo conoces.

–Hola, Pedro. ¿Cómo te va?

–Muy bien. ¿Y a ti?

–A mí también.

–Enrique y yo... –dice Pedro– hemos quedado mañana para dar una vuelta en lancha por el puerto. ¿Quieres venir con nosotros?

–Sí, es una buena idea –contesta Mónica.

–¡Estupendo! Entonces quedamos a las 11h delante del edificio de Correos.

Mientras sus amigos hablan, Llorenç se asoma a la ventana con su vaso en la mano. En la calle, el hombre continúa sentado en el banco, pero ahora no lee el periódico. Lleva gafas de sol y una gorra. Es el mismo hombre del tren. Llorenç vuelve con sus amigos.

4

Mónica está hablando por teléfono desde su hotel, la pensión Lola. La pensión Lola está en la calle Princesa, en el *barrio de la Ribera*[10]. Es una pensión pequeña. Tiene dos pisos. En el piso de abajo están la recepción y el comedor. En el piso de arriba están las habitaciones. La habitación de Mónica es la número 15. Es una habitación pequeña pero limpia, con una ventana que da a la calle.

–¡Hola, Alfonso! ¿Cómo va tu trabajo? ¿Todavía no has vuelto a Barcelona? (...) Comprendo, los negocios son los negocios (...) Yo también tengo ganas de verte (...) ¿Qué dices? ¿Te has afeitado el bigote? (...) Sí, comprendo. Hasta pronto. Un beso.

Delante de la pensión Lola un hombre bajito y rubio saluda a otro que llega en este momento. Es un hombre que lleva gorra y gafas de sol.

–Está dentro –dice el hombre bajito–. No ha tenido visitas.

–¡Vale! –contesta el hombre de la gorra.

5

El *Paseo de Colón*[11] es un paseo que está delante del *Port Vell*[12]. En un extremo está la *estatua de Colón*[13]. En el otro, Correos. Allí está Enrique.

Está lloviendo. Enrique lleva un paraguas y levanta la mano cuando ve a Mónica.

–¿Llego tarde? –pregunta la joven.

–No –contesta Enrique–. Mal día para visitar el puerto, ¿eh?

–A mí no me importa, me gusta la lluvia. Es otra manera de ver la ciudad. ¿Y Pedro?

–Está allí.

Pedro está hablando con un hombre. Poco después llega, tapándose la cabeza con la chaqueta. No lleva paraguas. Tiene el bigote mojado.

–Perdonad –dice–. Siento llegar tarde. Veremos el puerto bajo la lluvia. ¿Vamos?

Empiezan a cruzar la calle. Dos hombres vienen hacia ellos entre los coches. Mónica los mira. De repente,

Edificio de Correos

13

Mónica abre los ojos y se para. Uno de los hombres lleva una pistola en la mano. Cuando está cerca de Pedro, dispara. Pedro cae al suelo y Mónica grita. Enrique intenta ayudar a Pedro a levantarse. No sabe qué hacer. El hombre de la pistola va hasta Pedro para disparar otra vez, pero en este momento se oye un coche de policía que se acerca.

–¡Vámonos! –grita el otro hombre. Lleva una gorra y gafas de sol. Sin tiempo para volver a disparar, los dos hombres salen corriendo.

"A este hombre lo he visto antes", piensa Mónica mientras intenta ayudar a Pedro.

Port Vell

6

Han llevado a Pedro a un hospit... Enrique están hablando con un policía. tristes.

–... Y los dos hombres han salido corriendo al ver el coche de la policía... –está explicando Enrique.

En este momento, un médico sale del quirófano.

–Doctor –le pregunta el policía–, ¿cómo está el inspector Sancho?

–Sancho es Pedro –le dice Enrique a Mónica–. Se llama Pedro Sancho.

–La operación ha ido bien –contesta el médico–. Ahora lo llevan a una habitación. Se pondrá bien.

–¿Por qué? –pregunta Enrique al policía– ¿Por qué le ha pasado esto?

–El inspector está trabajando en un caso un poco peligroso. Sentimos mucho lo que ha pasado. Este suceso también nos ha sorprendido a nosotros.

7

En una habitación de un hotel lujoso de Barcelona hay tres hombres sentados alrededor de una mesa. Uno de ellos es alto y fuerte. Lleva un traje gris y una corbata azul. También lleva gafas. Es el jefe de los otros y está de muy mal humor.

...rad el periódico! –ordena– ¡Tú, lee!

–Sí –contesta uno de los hombres mirando la página. Es bajito y rubio y un poco gordo. El otro hombre también mira. Se saca las gafas de sol para ver mejor. Luego, se pone la gorra bien.

–El hombre de la fotografía no es él –dice finalmente–. Este hombre no es él.

–Sí, no es él –repite el otro.

El hombre del traje gris está enfadado.

–No es él –repite despacio–. No es él.

–Pero se parece mucho.

–Sí, mucho. Es igual de alto, es igual de fuerte, lleva bigote y tiene la misma edad, seguramente.

–Sí, es verdad lleva bigote. Un bigote negro –repite el hombre bajito y rubio.

–Pero, ¿es él o no es él? –grita el hombre alto del traje gris.

–No, no es él –dice el hombre de las gafas de sol y la gorra.

–¿Os he dicho que disparéis a todos los hombres con bigote?

–No, no...

El hombre del traje gris los mira un momento en silencio.

–¿Y sabéis quién es este hombre? –grita luego– ¡Un policía! ¡Habéis disparado a un policía!

–Esto no volverá a pasar, señor Requena.

–No, no volverá a pasar.

–Lo siento.

–"Errare Humanum est" –dice de repente el hombre bajito.

Su jefe lo mira durante unos segundos en silencio, con la boca abierta.

–Equivocarse es humano –traduce finalmente. No puede creer lo que oye. Luego grita–. ¡Quiero un café! ¡Rápido! Un café sin bigote pero con azúcar. Y señala con el dedo el mueble-bar.

–Bien –dice el señor Requena, ahora tranquilo, bebiendo su café–, vamos a hacer lo siguiente. Y esta vez tiene que salir bien. Seguro que él sabe que le seguimos. Se esconde. No se dejará ver. Creo que la chica no nos llevará directamente a él. Todavía está en la Pensión Lola, ¿verdad?

8

Cuando Enrique y Mónica salen del hospital, Mónica busca una cabina de teléfono.

Alfonso contesta el teléfono y Mónica le dice:

–Alfonso, ¿sabes qué me ha pasado?

–¿Qué te ha pasado, amor mío?

–Dos hombres han disparado a un amigo mío, en la calle.

–¿Y tú ibas con él?

–Sí, iba a mi lado.

Mónica está triste y nerviosa. Habla rápido.

–¿A un hombre? ¿A quién?

–A Pedro.

–¿Quién es Pedro?

–Un amigo. Es amigo de Llorenç, un hombre que conocí en el tren. Es un policía que trabaja en el puerto.

–¿Dónde estás ahora?

–En la calle.

–Ahora no puedo venir a verte. Tengo que quedarme aquí con unos clientes muy importantes. Ve a la pensión. Te llamaré. ¿Estás bien? –pregunta finalmente.

–Estoy nerviosa, pero bien...

Cuando Alfonso guarda el teléfono móvil en el bolsillo, se oye la voz de una mujer a su lado:

–¿Otra vez ella? –pregunta ésta de mal humor.

Están en una habitación de un hotel barato en el *barrio del Rabal*[14]. Hay una cama con dos mesillas de noche al lado, una mesa debajo de la ventana, dos sillas y un armario grande. La puerta del baño está enfrente de la cama.

–La necesitamos, Yvonne –contesta Alfonso–. Ella cree que estoy en una pequeña ciudad cerca de Barcelona, haciendo negocios con personas importantes. Y, además, tiene nuestro paquete.

–Alfonso, ella está enamorada de ti y a veces pienso que a ti también te gusta...

–Escucha. Ha pasado algo: han disparado a un hombre esta mañana. Un amigo suyo –Alfonso está un momento en silencio. Luego dice:

–Tenemos que ir a buscar el paquete.

–¿Cuándo vas a ir?

–Yo no voy a ir. Es mejor que vayas tú. A mí me siguen, esto está claro. Y a ella también. Han intentado matar a alguien. Y estoy seguro de que se parece a mí. También estoy seguro de que vigilan su pensión.

–Está bien. Voy a ir. Ya tengo ganas de salir de este sucio hotel. ¿Cuándo nos vamos a ir a Brasil?

–Pronto, muy pronto.

El Rabal

9

Por la noche, Alfonso no puede dormir porque oye el ruido de los coches que pasan por su calle. Yvonne está a su lado, durmiendo. Alfonso piensa en Mónica. Recuerda su primera vez juntos, su manera de hablar, su manera de mirar... Se mueve de un lugar a otro. Yvonne también se mueve, pero no se despierta...

10

Llorenç está en su casa sentado al lado de la ventana mirando con interés un libro que habla de barcos. Hay unas fotografías muy bonitas. De repente suena el teléfono.

–¿Diga? (...) ¡Hola, Mónica! ¿Cómo estás? (...) Sí, ya lo sé. Enrique me lo ha explicado todo. Y tú ¿estás bien? (...) Sí, he hablado con Pedro. No tiene nada grave... Ha sido horrible... Mira, tengo algo para ti. Creo que te va a gustar. ¿Quieres venir a mi casa esta tarde y te lo doy? Así podremos hablar tranquilamente...

–Esta tarde no puedo –dice Mónica–. He quedado con Enrique.

–¿Sí? Me alegro. Es un buen chico...

–Cuando he llegado a la pensión he encontrado un papel que dice..., a ver, lo tengo aquí. Ah, sí, leo: "¿Podemos vernos a las 8 y media en *El Ascensor*[15]? Es un bar que está en la calle Bellafilla, al lado del Ayuntamiento. Es urgente".

–Entonces le voy a dar el regalo a él. Él te lo llevará.

–¿Qué es?

–Es una sorpresa...

Cuando termina de hablar, Llorenç llama a Enrique a su trabajo, en las oficinas del periódico *El Mediterráneo*.

–Oye, Enrique. Tengo que pedirte un favor. ¿Puedes llevarle esta tarde a Mónica un regalo?

–Sí, claro. Pero no tengo su teléfono ni la dirección de su pensión. ¿Puedes dármelo?

–¿No tienes su teléfono? –pregunta Llorenç sorprendido.

–No.

–¿No has quedado esta tarde con ella a las 8 y media?

–¿Yo? No, no he quedado con ella.

–¡Qué extraño! Ella me ha llamado y me ha dicho que ha quedado contigo en El Ascensor...

–¿Conmigo? No, no... Esto es muy raro... ¿Seguro que te ha dicho conmigo?

–Seguro, estoy completamente seguro.

Después de hablar con su abuelo, Enrique piensa: "No lo entiendo. ¿Le ha dicho que ha quedado conmigo? Esto es muy extraño."

Intenta no pensar en ello, pero está preocupado. Finalmente se decide:

–Voy a ir allí. Aquí pasa algo que no entiendo.

Enrique sale del metro. Son las 8 y veinte. Cuando llega a la *plaza San Jaime*[16], gira a la izquierda. Ahora está al lado del Ayuntamiento. Poco después, gira la segunda calle a la izquierda y entra en una calle muy corta y estrecha. El Ascensor está allí. Hay algunas personas en la entrada. Un poco más lejos, ve a una chica que se dirige al bar. "Es muy guapa", piensa Enrique. Es Mónica.

De repente ve a dos hombres que se acercan a Mónica. Uno lleva una gorra y gafas de sol. El otro es bajito y rubio. De repente Enrique lo entiende todo.

Los dos hombres se ponen al lado de Mónica. Uno la coge del brazo y le enseña una navaja.

–Si gritas te mato –le dice.

–¡Síguenos! –ordena el otro.

Enrique no lo piensa dos veces. Levanta la mano y grita:

–¡Eh, Mónica! ¡Mónica! –y se acerca corriendo a ellos.

En aquel momento un chico y una chica salen del bar. Los dos hombres sueltan a la chica.

Enrique la coge del brazo y le dice:

–¡Vamos! –y salen corriendo.

Cuando finalmente se paran, la chica pregunta:

–Enrique, ¿qué está pasando? Y estos hombres, ¿quiénes son?

–Sí, Mónica. Creo que sí. Son ellos. Tenemos que ir a hablar con Pedro.

Pedro está en una habitación del hospital, blanca y limpia. Está bastante mejor y ya puede hablar.

–¿Qué está pasando? –pregunta Mónica después de explicarle todo.

–Voy a deciros la verdad. Enrique sabe algo de esta historia, pero no todo –dice Pedro, serio–. Es una historia larga. Empieza en Alicante, hace un mes. Una banda de ladrones roba un banco y se lleva 20 millones de pesetas. No es mucho, pero también se llevan algo más: un diamante que vale mucho dinero, no sé exactamente cuánto, pero mucho dinero. Sabemos quién es el jefe de la banda: es un señor rico e importante. Pero es muy difícil detenerlo. ¿Por qué? Porque este señor, el señor Requena, no roba directamente. Hay otros que roban para él. Y en este caso, el ladrón es un joven de unos treinta años, que ha estado en la cárcel y se llama Alfonso, Alfonso Piulats, alias "El Dedos".

Pedro mira con atención a Mónica, que ha abierto los ojos, sorprendida. Quiere hablar, pero no puede decir nada.

–El problema es que "El Dedos" se ha ido con el dinero y el diamante y el señor Requena está, seguramente, muy enfadado.

Pedro deja de hablar un momento, cansado. Enrique mira a Mónica, que está muy sorprendida. Empieza a entender. Él tampoco lo sabía.

–De momento –continúa Pedro–, nadie sabe dónde está. Pero hay una chica. Alfonso tiene una novia. Una chica que realmente no le conoce bien ni sabe a qué se dedica realmente su novio... Se llama Mónica.

–¡Esto no es verdad! –dice Mónica enfadada– ¡Alfonso no es un ladrón!

Enrique mira en silencio primero a Mónica y después a Pedro:

–Pero –le preguna finalmente–, ¿y las personas que te dispararon e intentaron secuestrar a Mónica?

–Como he dicho –continúa Pedro–, el señor Requena se enfada cuando ve que Alfonso se escapa con el dinero. Quiere saber dónde está. Quiere matarlo. No le importa el dinero. Él es el jefe y todos tienen que respetarle.

–Entonces...

–El señor Requena siempre está bien informado. Sabe que Alfonso tiene una novia. Lo sabe. Mucha gente le explica cosas, y sabe dónde está ella. Entonces sigue a la chica, o mejor dicho, sus hombres siguen a la chica y esperan así encontrar a Alfonso. Cuando la chica coge el tren para venir a Barcelona, hay un hombre que la sigue.

–Ya, pero... –continúa preguntando Enrique– ¿Por qué te dispara a ti?

–¿Sabes, Enrique? Seguramente estos hombres no conocen directamente a Alfonso. Seguro que se parece a mí. Cuando me ven con Mónica, piensan que yo soy él... Como he dicho, en este momento al señor Requena no le importa el dinero. Él es el jefe. Y sus hombres tienen que saber que no perdona nunca, que no olvida.

–¡Ah, ya entiendo!

–Cuando después de dispararme ven su error, deciden secuestrar a Mónica.

–Entonces... –interrumpe Mónica que no está escuchando a Pedro– Llorenç en el tren, tú en su casa... ¡Cuántas coincidencias! Todos tan simpáticos. Nada es verdad. Vosotros sólo queréis encontrar a Alfonso, igual que el señor Requena. Por este motivo habéis hablado conmigo. Por eso sois tan simpáticos conmigo.

–Lo siento, Mónica. De verdad, lo siento. A veces los policías tenemos que hacer cosas desagradables.

Pero Mónica no le escucha:

–Tampoco los libros de barcos.

–Llorenç ha hecho muchas cosas en su vida, pero no ha sido nunca marinero. Los libros no son suyos. Ha sido profesor mío en la escuela de policía. Ahora no trabaja, está jubilado, pero a veces me ayuda. Sabe hablar con la gente.

–Y la lancha del puerto tampoco.

–Mónica –empieza Pedro–. Ahora tú puedes ayudarnos.

Pero Mónica se ha levantado y sale de la habitación sin escuchar.

"Ahora sí que no tengo ni un solo amigo", piensa mientras camina por el pasillo. Está muy triste, pero tiene una idea clara. Quiere saber exactamente qué está pasando.

13

Yvonne entra en la habitación de Mónica en la pensión Lola, y coge el paquete con el diamante. Después se va al hotel donde está Alfonso, que en ese momento está bebiendo una cerveza.

–¿Has tenido algún problema? –pregunta al ver a la chica.

–No, ningún problema. Soy buena en esto, ¿sabes?

–¿Nadie te ha visto?

–No. Y nadie me ha seguido.

Alfonso coge el paquete y lo abre. Detrás de él, Yvonne mira por encima de su hombro.

En el paquete hay mucho dinero y en una caja está el diamante.

A Yvonne le gusta mucho el diamante. Lo coge y lo mira.

–¡Uauuu! –dice.

De repente suena el móvil. Yvonne se pone seria. Mira a Alfonso de mal humor. Es Mónica.

–Alfonso, tengo que verte –dice la chica.

–¿Qué ha pasado? –pregunta él.

–Han intentado secuestrarme. Han sido los dos hombres que dispararon a Pedro. Tengo que verte, por favor.

–Sí, claro.

Yvonne se levanta y se va al baño, enfadada.

–Podemos quedar en un bar que está al lado de *El Molino*[17], en el *Paralelo*[18].

–De acuerdo.

–¿Sabes dónde está? Delante de la parada de metro Paralelo.

–Perfecto. ¿A qué hora quedamos?

–Dentro de dos horas, ¿te va bien?

–Muy bien. Allí estaré.

–Ten cuidado, Mónica. Coge un taxi. Mira si alguien te sigue.

–No te preocupes. Iré con cuidado.

–Mónica, siento mucho todo lo que te está pasando...

–¡Yvonne! –grita Alfonso cuando termina de hablar.

Yvonne sale del baño enfadada.

–¿Para qué quieres verla? –pregunta dando un golpe a la mesita de noche– ¡Todavía estás enamorado de ella!

–¡Calla!

El Rabal

27

–¿Para qué la necesitamos? Ahora tenemos el dinero –dice cogiendo algunos billetes de la maleta.

–¡Calla! –repite Alfonso. Pero es verdad que piensa en Mónica. Tiene muchas ganas de verla. Puede irse con ella. En el futuro puede explicarle la verdad. Quizás...

En este momento se oyen unos golpes en la puerta.

–¡Abran la puerta! ¿No oyen? ¡Abran la puerta!

Alfonso e Yvonne se levantan asustados. Miran hacia la puerta, pero, de repente, se ponen a reír.

–Es la mujer de la limpieza –dice Yvonne.

–¡Abran! –continúa diciendo. Es una mujer mayor que siempre quiere limpiar la habitación– Están todo el día en la habitación, sin salir. Nunca he visto clientes como ustedes. Hace tres días que han llegado y todavía no he limpiado ni un solo día.

14

La Avenida del Paralelo es una calle ancha, con algunos teatros, salas de fiesta y cabarets.

Antes de entrar en el bar, Alfonso mira a su alrededor. Todo le parece normal. Cuando entra, ve a Mónica sentada en una mesa, tomando un café.

–¡Hola, Mónica! –dice Alfonso levantando la mano, pero la chica no le contesta. Alfonso se sienta.

–Mónica... –empieza a decir.

–Alfonso... –le interrumpe la chica– ¿Por qué estoy en Barcelona?

Alfonso la mira con tristeza.

–Porque quiero estar contigo, Mónica...

–No te creo.

Alfonso la mira. Tiene ganas de abrazarla. "¿Cómo he podido ser tan estúpido?", piensa. Es verdad. Le gusta Mónica. Yvonne tiene razón. Nunca ha conocido a una chica como Mónica. Ella no ha dudado en seguirle sin preguntar nada. Ahora Alfonso sabe que ella lo sabe todo. Ve a Mónica triste y él se siente triste también. Alfonso piensa que ahora el dinero no le importa. No le importa el diamante. Solo quiere volver a ver a Mónica contenta."

–Tú eres "El Dedos". Tú has robado, ¿verdad? –pregunta la chica.

–Sí, Mónica. Es verdad. Lo siento. ¿Se lo has dicho a la policía?

–No. La policía me lo ha dicho a mí.

–¿Te han seguido hasta aquí?

–No.

–¿Nadie?

–No. Estoy segura.

–Sé que no puedo pedirte nada, pero, por favor, quédate un rato conmigo.

–¿Y el paquete? No está en mi habitación.

–Lo tengo yo.

15

−¿Señor Requena?

−Sí, yo mismo.

−Soy una amiga. He encontrado su teléfono en la cartera de un viejo amigo suyo, Alfonso Piulats, "El Dedos".

−Dime. ¿Qué quieres?

−Nada. Solo decirle que en este momento Alfonso está en un bar, al lado de El Molino, con la chica que ustedes han intentado secuestrar... Adiós.

16

Alfonso continúa hablando con Mónica en el bar.

−Es verdad... −empieza Alfonso. En este momento la camarera llega con la cerveza que éste ha pedido.

−Gracias −dice Alfonso, y luego continúa.

−Soy un ladrón. Siempre lo he sido. Con el dinero puedo conseguir cosas, muchas cosas. No tengo profesión, nunca he trabajado. Es lo único que sé hacer. Pero un día conozco a una chica. Una chica muy guapa: tú, Mónica.

Mientras, el señor Requena me está hablando de robar un banco. "¿Por qué no?", pienso. No me gusta el señor Requena y tú no sabes quién soy. Puedo decirte lo que a mí me gusta. Puedo ser lo que quiero, tener negocios, clientes importantes. Pienso: "Me voy a quedar con todo el dinero y me voy a ir con esta chica. Y después cambiaré."

Pero tengo algunos amigos. Ellos saben que salgo contigo. Empiezan a reírse de mí: "Esta chica te está cambiando –dicen–. Es mejor no tomar a las mujeres en serio. Siempre se termina mal."

Y yo soy un estúpido y les digo: "¡No! ¡No es verdad! ¡A mí nadie me cambia!". Y le digo a una chica, Yvonne, que voy a ir a Brasil con ella, con el dinero que he robado.

17

Delante del bar hay una pequeña plaza y a la izquierda una parada de autobuses. Allí, detrás de unos coches, está Llorenç al lado de un árbol, mirando al bar. En la plaza hay un hombre leyendo el periódico y otro que juega con un perro.

Todo está tranquilo. Un tercer hombre, que lleva una chaqueta de cuero negra, habla con Llorenç:

–Vamos a entrar, señor Sarriol –le dice.

–Espera un poco. Están hablando –dice Llorenç–. Mónica necesita una explicación...

En este momento llega Enrique.

–¿Qué pasa? –pregunta a su abuelo– ¿Por qué me has llamado?

–La policía ha intervenido el teléfono de Mónica en la pensión... Ahora está en el bar con Alfonso –Llorenç mira hacia el bar–. Lo van a detener. Mónica va a necesitar un amigo.

18

–Después... –antes de continuar Alfonso coge su copa y bebe un poco de cerveza. Mónica está en silencio, triste. Lloraría, pero no quiere hacerlo. Mira hacia la calle. De repente abre muchos los ojos. Al otro lado de la calle, detrás de la plaza, hay dos hombres que esperan para cruzar. Los conoce. ¡Son el hombre de la gorra y su compañero!

–Alfonso –dice–. ¡Mira, son ellos!

Alfonso busca en su bolsillo su pistola.

–Quédate aquí –le ordena–. A ti no te van a hacer nada.

Mónica se levanta.

–No –dice–. Todavía no sé el final de tu historia. Voy contigo.

Delante del bar, el policía de la chaqueta se acerca al hombre del periódico y al que juega con el perro.

–Ahora se levantan –dice–. Vamos a entrar.

–¡Espera! –dice al ver a unos hombres que caminan hacia el bar– ¿Quiénes son aquéllos?

19

–No, Mónica, no puede ser... –empieza a decir Alfonso.

–¡Vamos, rápido! –dice la chica– ¡Vienen hacia aquí!

–Vamos a *El Molino*[17]. El espectáculo ha empezado.

Cuando entran en El Molino, una vedette está cantando una canción alegre. Alfonso le dice a Mónica:

–Vamos por aquí.

No entran en la sala. Suben por una escalera al anfiteatro. Allí, la gente que está sentada en las mesas mira el espectáculo desde arriba. Al fondo hay una puerta.

–¿Nos han seguido? –pregunta Mónica.

–No lo sé. Entremos por aquella puerta.

Detrás de la puerta hay unas escaleras estrechas. Mónica y Alfonso suben. Arriba hay una sala pequeña con muebles viejos. Hay poca luz y no se puede ver muy bien lo que hay.

–Aquí vamos a estar tranquilos, de momento –dice Alfonso, mientras piensa la manera de salir de esta difícil situación.

De fondo se oye la canción que canta la vedette.

–Mónica... –dice Alfonso finalmente– Esta historia no tiene final.

El Molino

La chica está en silencio.

–Tienes que salir de aquí –continúa Alfonso–. Siéntate con el público y sal con la gente al final del espectáculo. O mejor, llama a la policía. Toma mi móvil. Ellos te ayudarán.

Mónica no coge el teléfono pero se levanta y empieza a bajar las escaleras. Alfonso la mira mientras baja. Al llegar a la puerta, ésta se abre de repente. Mónica ve a un hombre que lleva una gorra, unas gafas de sol en una mano y una pistola en la otra. Detrás le sigue el hombre bajito. Mónica grita. Ahora la música de la orquesta suena fuerte. Mónica grita pero nadie la oye.

Alfonso coge su pistola y, desde arriba de la escalera, intenta disparar pero Mónica está en medio. No puede.

El hombre bajito dispara y Alfonso cae al suelo.

–¡Alfonso! –vuelve a gritar Mónica.

El hombre bajito empieza a subir las escaleras con la pistola en la mano. De repente la puerta se vuelve a abrir:

–¡Deja la pistola!

Hay un hombre en la puerta con una pistola en la mano. Es el policía de la chaqueta de cuero. Detrás, hay otros policías.

Mónica sube las escaleras corriendo.

–¡Alfonso! –dice cogiéndole la mano.

El hombre de la gorra y el bajito levantan las manos.

–No vamos a poder acabar nunca nuestro trabajo. –dice este último.

–Esto es el final, Mónica –dice Alfonso y de repente empieza a toser.

Llorenç y Enrique están en la entrada de El Molino cuando la policía se lleva a los dos ladrones. El policía de la chaqueta de cuero se acerca a ellos.

–"El Dedos" ha muerto –dice.

–Enrique –dice Llorenç–, ahora Mónica necesita un amigo. Espera. Esto es para ella. Es el regalo. Es una pequeña botella con un barco dentro.

El Molino

Cuando Enrique entra en El Molino, el espectáculo está en su mejor momento. El público sigue el espectáculo con entusiasmo. En el escenario unos bailarines con plumas están bailando. Enrique sube al anfiteatro. Llega a la puerta pasando entre las mesas. En este momento Mónica sale. Está muy triste.

–¿Le querías mucho, verdad? –le pregunta Enrique.

Pero Mónica no contesta y continúa andando.

–Esto es para ti. Es el regalo... –Enrique no puede terminar porque Mónica está bajando las escaleras del anfiteatro y no le escucha.

En este momento la vedette bromea con el público.

Cuando sale de El Molino, Mónica pasa por el lado de Llorenç sin mirarlo. Éste la mira, pero no dice nada. Mira como la chica cruza la plaza y luego la calle. Finalmente, la chica se pierde entre la multitud.

Ahora, dentro de El Molino, la música se oye más fuerte. Se oyen grandes aplausos. El espectáculo ha terminado.

Fin

Notas culturales

Nota: *En Barcelona, como en toda Cataluña, los nombres de calles, plazas y demás aparecen escritos en catalán porque es la lengua oficial juntamente con el español. Aquí, sin embargo, hemos optado por utilizar el español, ya que se trata de una novela de aprendizaje de esta lengua.*

(1) **Sitges**: población costera al sur de Barcelona de unos 16 000 habitantes, famosa por su Carnaval y por su Festival de cine.

(2) **La Rambla**: el paseo más conocido de Barcelona. Hay numerosos quioscos, floristerías, terrazas, teatros, cines y todo tipo de artistas callejeros: músicos, estatuas humanas, magos...

(3) **Puerto Olímpico**: zona inaugurada con motivo de los Juegos Olímpicos del 1992 en la que se encuentran numerosos bares, restaurantes y locales nocturnos.

(4) **Montjuic**: una de las dos montañas que rodean la ciudad; alberga construcciones modernas como el Estadio Olímpico, el Palacio San Jordi, la Torre de Calatrava, la Fundación Miró o clásicas como el histórico Castillo de Montjuic, desde donde se pueden admirar unas fantásticas vistas de la ciudad. Se puede llegar a Montjuic mediante el funicular o el teleférico.

(5) **Estación de Sants**: la estación de tren más importante de la ciudad.

(6) **Tibidabo**: una de las dos montañas que rodea Barcelona; en ella se encuentran la torre de telecomunicaciones de Collserola, el Museo de la Ciencia, el Planetario, el Parque de Atracciones del Tibidabo y la Iglesia del Sagrado Corazón.

(7) **Sagrada Familia**: el símbolo de la arquitectura modernista de Barcelona y la obra más influyente de Gaudí. Es un templo expiatorio que todavía no está acabado, posee 3 fachadas y 8 torres que superan los 100 metros de altura.

(8) **Catedral**: uno de los monumentos más visitados de la ciudad. Está situado en el Barrio Gótico.

(9) **Tranvía Azul**: situado en la parte alta de la ciudad, este antiguo tranvía restaurado sube desde la Plaza John F. Kennedy hasta la Plaza del Doctor Andreu, donde se puede enlazar con el funicular del Tibidabo.

(10) **Barrio de la Ribera**: barrio de Ciutat Vella donde se encuentra el Museo Picasso y la iglesia de Santa María del Mar, la más representativa del estilo gótico catalán.

(11) **Paseo de Colón**: avenida paralela al Port Vell que va desde el final de La Rambla hasta Correos (Plaza Antonio López).

(12) **Port Vell**: zona del viejo puerto de Barcelona que actualmente destaca por su gran oferta cultural y de ocio; en él se encuentra el Imax (cine en 3 dimensiones), el acuario (uno de los más grandes de Europa) y el centro comercial y de ocio Maremagnum.

(13) **Estatua de Colón**: monumento de más de 50 metros de altura situado al final de La Rambla. Un ascensor comunica la base con el mirador superior donde se encuentra la estatua de Colón señalando la dirección de las Américas con el dedo índice.

(14) **Barrio del Rabal**: barrio de Ciutat Vella situado a la derecha de La Rambla en dirección mar que incluye el así llamado "barrio chino". Actualmente está bastante remodelado y en él encontramos el Museo de Arte Contemporáneo de Barcelona (MACBA) y numerosos restaurantes.

(15) **El Ascensor**: bar de Ciutat Vella situado detrás del Ayuntamiento. Se llama así porque en la entrada hay un ascensor antiguo.

(16) **Plaza San Jaime**: plaza situada en el centro de la Barcelona gótica donde se encuentran el Palacio de la Generalitat y el Ayuntamiento. Es también conocida por ser el lugar de celebración de los títulos del Fútbol Club Barcelona.

(17) **El Molino**: uno de los music-halls más conocidos de Barcelona.

(18) **Paralelo**: zona donde se concentran la mayoría de teatros, music-halls, salas de fiesta y discotecas de la ciudad.

```
Barcelona en Internet:
http://www.bcn.es
http://www.barcelona-on-line.es
```

¿Lo has entendido bien?

1

En el tren, Mónica lee una revista de...

☐ economía
☐ ecología
☐ cocina
☐ barcos

¿Qué piensa Mónica de Llorenç?

¿Por qué Mónica acepta ir a casa de Llorenç?

2

¿Dónde está Mónica cuando llama a Alfonso al llegar a Barcelona?

3

¿Qué bebidas toman Llorenç, Mónica y Pedro en casa del primero?

4

¿Cuál de las siguientes descripciones de la Pensión Lola es igual a la del libro?

❑ La Pensión Lola está situada en el barrio de la Ribera. No es muy grande, solo tiene dos pisos. Abajo está la recepción, el comedor y algunas habitaciones. En el primer piso están las otras habitaciones.

❑ La Pensión Lola es una pequeña pensión de la calle Princesa de únicamente dos pisos: en la planta baja se encuentran la recepción y el comedor mientras que las habitaciones están todas en el primer piso.

5

Di si son verdaderas (V) o falsas (F) las siguientes frases:

	V	F
Alfonso no puede reunirse con Mónica por asuntos familiares.	❑	❑
Mónica, Pedro y Enrique se citan en el puerto para ir a dar un paseo en lancha.	❑	❑
Mónica está de mal humor a causa de la lluvia: ahora no podrán ver la ciudad.	❑	❑
Pedro es el primero en llegar a la cita.	❑	❑
Mientras cruzan la calle, dos hombres se acercan a ellos y disparan a Pedro.	❑	❑

¿Cómo se sienten Mónica y Enrique cuando llegan al hospital?

7

Tras disparar a Pedro Sancho, los 3 mafiosos están sentados alrededor de una mesa en el hotel. Relaciona cada personaje con las características que le corresponden.

Jefe

Hombre I

Hombre 2

▶ alto y fuerte
▶ lleva un traje gris y una corbata azul
▶ lleva gafas
▶ está de muy mal humor
▶ bajo, rubio y un poco gordo
▶ lleva gafas de sol y gorra

8

¿Por qué Alfonso decide que Yvonne tiene que ir a buscar el paquete y no él?

¿ A qué país tienen previsto escapar Alfonso e Ivonne?

¿Por qué no puede dormir Alfonso por la noche?

❏ Por el ruido de los vecinos.
❏ Por el ruido de la calle.
❏ Por el ruido del despertador.

¿Por qué Enrique decide pasarse por El Ascensor a las 8 y media?

¿Con qué arma blanca amenazan a Mónica el hombre bajito y rubio y el de las gafas de sol y gorra?

Di si son verdaderas o falsas las siguientes afirmaciones:

	V	F
El señor Requena roba 20 millones y un diamante de un banco.	❏	❏
Mónica sabe que Alfonso es un ladrón.	❏	❏
Disparan a Pedro Sancho porque lo confunden con Alfonso.	❏	❏
Llorenç ha sido marinero y por eso tiene tantos libros de barcos.	❏	❏

13

¿Dónde quedan para verse Mónica y Alfonso?

14

Di si las siguientes afirmaciones son verdaderas (V) o falsas (F):

	V	F
La Avenida del Paralelo es una calle pequeña con algunos teatros, salas de fiesta y cabarets.	❑	❑
Cuando Alfonso entra en el bar, ve a Mónica, sentada en una mesa, tomando un té.	❑	❑
A Alfonso ya no le importa Yvonne y está enamorado de Mónica.	❑	❑

15

¿Quién crees que es la chica que llama al señor Requena? ¿Por qué crees que lo hace?

16

¿Quiénes son los culpables de que Alfonso dejara a Mónica y le propusiera a Yvonne de irse a Brasil con él?

Di cuáles son los adjetivos que caracterizan mejor a Mónica:

sincera   mentirosa   simpática   guapa   fea

Completa las frases:

Delante del bar hay
Un tercer hombre que lleva
La policía ha intervenido

18

Aquí tienes las ideas principales de este capítulo desordenadas. Ordénalas.

El policía reconoce al hombre de la gorra y a su compañero.

Mónica ve al hombre de la gorra y a su compañero.

Alfonso decide acabar con el hombre de la gorra y con su compañero y Mónica decide acompañarlo.

19

Este es un fragmento del recorrido que hace uno de los personajes de la novela en El Molino. ¿Quién?

Al llegar a la puerta, ésta se abre de repente. Ve a un hombre que lleva una gorra, unas gafas de sol en una mano y una pistola en la otra. Detrás le sigue el hombre bajito. Grita. Ahora la música de la orquesta suena fuerte. Grita pero nadie la oye.

20

¿Qué le regala Llorenç a Mónica?

21

¿Qué es un anfiteatro?
- ❏ Un lugar donde actúan los artistas.
- ❏ Un vestido típico de las vedettes.
- ❏ Un lugar donde se sienta la gente para ver un espectáculo.

Ahora escribe una frase donde aparezca esta palabra.

Imagínate que eres Mónica. ¿Qué harías? ¿Ayudas a Alfonso? ¿Le dices la verdad a la policía?

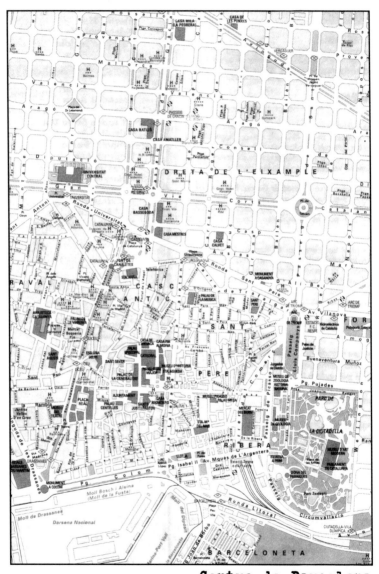

Centro de Barcelona